Général LAMIRAUX

LE SIÈGE

DE

SAINT-SÉBASTIEN

EN 1813

AVEC 1 CROQUIS DANS LE TEXTE

PARIS

Henri CHARLES-LAVAUZELLE

Éditeur militaire

10, Rue Danton, Boulevard Saint-Germain, 118

(MÊME MAISON A LIMOGES)

LE
SIÈGE DE SAINT-SÉBASTIEN
EN 1813

Général LAMIRAUX

LE SIÈGE

DE

SAINT-SÉBASTIEN

EN 1813

PARIS

Henri CHARLES-LAVAUZELLE

Éditeur militaire

10, Rue Danton, Boulevard Saint-Germain, 118

(MÊME MAISON A LIMOGES)

AVANT-PROPOS

« Le gouverneur d'une place, dit un décret impérial,
ne doit jamais perdre de vue qu'il défend un des bou-
levards de la patrie, un point d'appui de ses armées,
et que, de la reddition d'une place avancée ou retardée
d'un jour, peut dépendre le salut du pays. Il ne doit
pas oublier que les lois condamnent à mort, avec
dégradation militaire, le gouverneur coupable d'avoir
capitulé sans avoir épuisé tous les moyens de défense
et sans avoir fait ce que prescrivent le devoir et l'honneur. »

« Il faut, ajoutait Napoléon 1er, avoir au moins soutenu un assaut. »

Aucun décret militaire n'a été plus censuré par les
Anglais que celui-là :

« Quoi! écrivait-on, à cette époque, en Angleterre,
les assiégeants, opérant d'après les règles de l'art,
doivent finir par pénétrer dans la place. Risquer l'assaut dans l'unique but d'acquérir de la gloire ou
d'augmenter les pertes de l'ennemi, n'est-ce pas le
sacrifice de braves gens sans utilité? Est-ce que, sous
Louis XIV, une capitulation n'était pas la conséquence
des progrès de l'assiégeant? Est-ce qu'il est admissible
de supposer que les généraux « parvenus » de Napo-

léon sont doués d'un plus haut sentiment de l'honneur que la noblesse si guerrière du XVIIe siècle? Cette obéissance aveugle aux ordres de Napoléon peut convenir au fanatisme musulman, mais non à l'esprit éclairé d'un peuple chrétien. »

Voilà des thèses que, dans leur haine de tout ce qui touchait à l'Empire français, nombre d'Anglais soutenaient alors, soutenaient même ouvertement contre les états-majors de leurs armées en campagne, états-majors où il y avait des officiers, qui, aux prises journellement avec nos troupes et nos généraux, tout en exaltant outre mesure, bien entendu, leurs soldats, leurs généraux et leur grand généralissime Wellington, ne pouvaient pas cependant ne pas admettre « qu'il ne peut y avoir de règle pour le courage, et que nul n'a jamais su, mieux que Napoléon, développer chez les autres toutes les qualités guerrières qu'il possédait lui-même au plus haut degré. »

Il est d'habitude, je dirai presque de règle, quand on veut écrire sur un acte militaire connu, de réunir tous les rapports, tous les récits faits sur cet acte, de les étudier, de les condenser et de les présenter ainsi sous la plus grande forme de véracité.

Ici, il ne s'agit pas de vanter directement le général Rey, le 1er, le 22e, le 34e, le 62e de ligne, les détachements des batteries d'artillerie qui, groupés sous ce chef vigoureux, ont soutenu un siège qu'on peut placer hardiment à côté de celui de Sagonte dans l'antiquité, de Sébastopol dans les temps modernes.

La gloire d'une résistance mémorable leur est acquise.

Et, pour peindre cette résistance, j'ai fait appel au journal même de l'assiégeant. Par les efforts qu'on lui voit faire, on juge des efforts de l'assiégé.

Général Lamiraux.

LE

SIÈGE DE SAINT-SÉBASTIEN

EN 1813

Il me souvient d'avoir, il y a longtemps déjà, dans ma jeunesse, servi dans un excellent régiment où était écrit, en lettres d'or, sur le drapeau : « Saint-Sébastien ».

Je n'avais, je dois le dire, à cette époque, qu'une notion un peu vague sur le fait qui avait valu à ce drapeau un de ses titres de gloire, et je crois que mes camarades de campagne — car nous étions en pleine guerre — n'en avaient, eux non plus, qu'une idée confuse.

Je ne faisais d'ailleurs que d arriver au régiment.

Le drapeau de celui que je venais de quitter avait écrit dans ses plis : « Gênes ». Or Gênes et Masséna sont deux noms inséparables, et l'on est bercé dès sa jeunesse, quand on arrive à la Révolution et à l'Empire, par le nom de Masséna. J'avais donc très présente à la mémoire l'histoire du siège de Gênes, où nos prédécesseurs de régiment, les très anciens prédécesseurs, avaient vécu, pendant des jours, de l'herbe des remparts et des rats du vieux port, pour retenir les Autrichiens de Mélas autour d'eux et donner à Bonaparte le temps de passer le Saint-Bernard et de gagner Marengo.

Mais Saint-Sébastien, un des ports principaux de cette vieille Espagne, qui a été si arrosée du sang français et qui a coûté à Napoléon sa couronne, m'était moins connu. Je voudrais le remémorer ici pour l'instruction de tous, et pour montrer ce que peut·faire une poignée de soldats animés d'un bon esprit et conduits par des chefs qu'ils estiment et qui paient d'exemple.

C'est surtout à des récits anglais que je me suis tenu.

Les Anglais ne sont pas comme nous, qu'on accuse si souvent d'être un peu vantards ; ils se cotent très haut, et quand ils avouent un insuccès, c'est qu'il a été sérieux et que la résistance qu'ils ont éprouvée est de premier ordre. On en peut juger, du reste, par leur guerre de ce jour, au Transvaal, où le pauvre général L. Buller a été très mal vu pour avoir écrit au vieux War-Office de Londres qu'il avait été défait au passage de la Tugela et obligé de rester sur la rive droite, ce qui est un insuccès flagrant, quand on dispose d'un effectif supérieur et de bons canons qui peuvent faire le vide à trois ou quatre kilomètres devant vous.

On va voir combien, à Saint-Sébastien, en 1813, il fallut souvent faire de ces aveux.

****

Lorsque l'Angleterre prit, en 1808, la décision de soutenir l'insurrection espagnole de son argent et de ses armes, il lui fallait une base d'opérations. Cette base ne se pouvait trouver, pour elle, que sur les côtes, puisque c'était sa flotte qui amènerait les hommes, le matériel et les approvisionnements. Elle choisit donc pour y installer ses dépôts et ses magasins Bilbao, Santander, La Corogne et Le Passages. Il y avait là de bons ports, mais ils avaient l'inconvénient, lorsqu'on monta, en 1813, vers les Pyrénées, d'être, les trois premiers, loin du théâtre d'opérations et, le dernier, d'en être trop près.

Il fallait donc à tout prix avoir Saint-Sébastien, où il y a une rade passable, et où l'on ne verrait pas chaque débarquement compromis si les troupes françaises faisaient un mouvement dans les environs.

Sitôt après Vittoria, en juin 1813, Wellington s'occupa donc de s'emparer de Saint-Sébastien.

La ville n'avait eu, jusque-là, qu'une garnison française insignifiante. Elle était sur la grande ligne d'étapes parcourue journellement par tout ce qui entrait en Espagne ou en sortait, et il eût été sans intérêt d'y entretenir autre chose qu'un gros poste.

Lorsqu'on se fut décidé, le 21 juin 1813, à livrer bataille à Vittoria, on fit partir pour la France, afin de n'avoir pas trop d'embarras, un grand convoi, où prirent place tous les Espagnols obligés de quitter leur pays pour s'être attachés à nous et avoir accepté des places sous le gouvernement du roi Joseph.

On avait confié ce convoi, où il y avait plusieurs centaines de personnes, au général Rey, avec quelques bataillons d'escorte, car la route n'était pas sûre et les guérillas de Navarre et de Guipuscoa eussent pillé et tué sans pitié.

C'est à Saint-Sébastien, où il s'était arrêté, que Rey apprit le désastre de Vittoria, la débandade de l'armée française se sauvant en déroute par Pampelune, et qu'il reçut, en même temps, l'avis du chef d'état-major de prendre le commandement de la place.

On pense ce que pouvait être cette petite ville, beaucoup plus petite alors qu'elle ne l'est aujourd'hui, et dont la population avait plus que doublé par cette arrivée inopinée de familles espagnoles émigrées, de ministres, de personnes de la Cour, de nobles de toutes les grandes villes, voulant s'éloigner de l'insurrection.

Saint-Sébastien, qui a aujourd'hui 22 ou 23.000 habitants, en eût dû avoir au plus 8.000, sous peine de rendre une résistance impossible : un gouverneur, en effet, n'eût su où les mettre ni comment les nourrir.

Rey était un très brave homme, très sévère, très sérieux. Il enjoignit, sans miséricorde, à tous ceux qui étaient étrangers à la localité ou n'avaient pas de domicile leur appartenant de partir pour la France. Tous les bâtiments qu'il y avait dans le port — car la flotte anglaise ne bloquait pas suffisamment la côte, autant par crainte des tempêtes du golfe de Gascogne que par terreur des corsaires français et américains qui rôdaient sans cesse dans ces parages — furent requis pour les transporter jusqu'aux ports français. Ceux qu'on ne put embarquer furent formés en un grand convoi qui prit le chemin de la Bidassoa. Ils arrivèrent heureusement sans avoir été attaqués et pillés par les guérillas qui couraient la campagne, quoique Rey, n'ayant qu'une très insuffisante garnison, n'eût voulu leur donner qu'une escorte de cent hommes. Il avait trop à craindre qu'ils ne profitassent de l'occasion pour ne plus revenir. Le 1er juillet, une autre injonction semblable fut faite à ceux qui n'étaient pas approvisionnés.

C'est le 21 juin qu'eut lieu Vittoria.

Quoique la direction de la retraite fût Pampelune, on en eut nécessairement le contre-coup sur toute la côte. On n'eut plus de doute, du reste, lorsque, le 27, on vit passer devant la place le corps de Foy, qui venait par la route de Tolosa, combattant, comme une arrière-garde, la tête de colonne de sir Thomas Graham, qui le poursuivait.

Sur les instances de Rey, Foy lui laissa, en passant, un petit renfort. La petite garnison s'augmenta encore, le 1er juillet, de 300 hommes venant de Guetaria, petit fort sur la côte que son commandant abandonnait, n'y ayant ni matériel ni munitions (Guetaria est à une vingtaine de kilomètres de Saint-Sébastien).

Ce même jour arrivait de Saint-Jean-de-Luz un petit bâtiment portant 46 canonniers et quelques ouvriers d'artillerie. Un ou deux autres suivirent le 6, portant quelques hommes d'infanterie et un approvisionnement de vivres de tout genre.

Ces arrivées étaient le résultat d'ordres donnés antérieurement par le ministre de la guerre, ordres auxquels on avait sursis, parce qu'on pensait qu'il n'y avait pas urgence. Ils arrivaient à leur exécution en temps opportun et, on peut le dire, par un hasard providentiel, car, depuis le 3 juillet, une frégate anglaise et une corvette avaient jeté l'ancre à quelques encâblures, et ce n'est qu'avec la plus grande prudence que les petits bâtiments français et espagnols de la côte se hasardaient dans la rade, et encore la nuit.

Donc, dans les premiers jours de juillet, Rey pouvait disposer de 3.300 (d'autres ont dit 3.500, 3.600) hommes d'artillerie et des 1er, 22e, 34e et 62e de ligne.

C'était bien peu de chose pour couvrir les fronts assez étendus de la place; mais Rey était un homme de tête, difficile à émouvoir, et, quoi qu'il n'eût sur les remparts que très peu d'artillerie — parce qu'on avait antérieurement emprunté à Saint-Sébastien, qui avait un bon matériel de défense, une partie de ses canons pour armer les petites redoutes de la côte, jusque-là abandonnées — il ne fallait pas supposer qu'il allait en ouvrir les portes sans résistance.

On en jugera du reste.

Saint-Sébastien est bâtie sur une sorte d'isthme formé, à l'est, par l'Uruméa, petite rivière venant du mont Mendaur, dans la grande chaîne, et, à l'ouest, par une échancrure arrondie formant rade et port, à demi fermée du large par une petite île rocheuse appelée Santa-Clara.

L'isthme est bas, sablonneux et se relève à son extrémité par une élévation rocheuse d'assez grande dimension, une sorte de cône appelé L'Orgullo, très escarpé, et ayant sur la mer et le pays une dominance de cent et quelques mètres.

Ce cône est couronné par un petit château-fort appelé La Motta, sorte de réduit de défense qui rend l'occupation de la ville impossible si l'on n'en est pas maître.

Sur l'isthme même, à son étranglement, qui peut avoir 300 mètres de large sur autant de haut, était bâtie la ville, avec, comme toutes les places d'Espagne, une place centrale (plaza de la Constitution), où venaient converger, à peu près à angle droit, les rues et les ruelles.

La physionomie du Saint-Sébastien de nos jours a absolument changé. On a conservé en fortification, et comme curiosité seulement, le château de La Motta. Les remparts d'autrefois ont été abattus, et tout le terrain de l'isthme, divisé en lots, est préparé pour faire une ville neuve.

De place forte qu'elle était, Saint-Sébastien deviendra une station balnéaire ; elle est déjà, du reste, fréquentée par une population de baigneurs de toute la partie ouest de l'Espagne et même du sud de la France.

En 1813, le cône du mont Orgullo, couronné par le château fort-réduit, était fermé à sa base, au sud, par une ligne d'ouvrages de bas-relief avec des batteries en arrière.

En avant de cette ligne était la ville, laquelle était couverte par un front barrant l'isthme de bout en bout, 350 mètres environ. C'était une haute muraille avec des demi-bastions aux deux extrémités, et au centre un bastion complet très dominant.

En avant du front, un ouvrage à cornes, et, à 600 mètres de cet ouvrage, une hauteur sur laquelle était le couvent de Saint-Bartholomé, comme une sorte de redoute avancée.

Des deux autres côtés, l'un sur la mer, l'autre sur la rivière l'Uruméa, il n'y avait que de simples murs, baignés par les eaux au moment de la marée. Celui de l'est, du côté de l'Uruméa, par conséquent, se terminait sur L'Orgullo par une sorte de demi-bastion appelé Saint-Elme, et deux vieilles tours rondes servaient de flanquement à la muraille. Celui de l'est se terminait au port sur le pied de L'Orgullo.

Ces fortifications, comme toutes celles des nombreuses villes fortes d'Espagne, étaient dans un état d'entretien un peu lamentable, et les Anglais eux-mêmes en conviennent, car on lit dans un des rapports faits avant le siège : « Place démantelée, n'ayant qu'une partie de son armement, sans abris voûtés, ni palissades, ni ouvrages extérieurs, n'ayant d'eau que par son aqueduc. L'eau des puits est insalubre. »

On voit, par cette description, que le général Rey avait fort à faire.

Les Anglais, une fois ces particularités connues, firent, dans les premiers jours de juillet, étudier la place par un de leurs meilleurs ingénieurs militaires, le major Smith. C'était du reste une étude facile et que pouvait faire le premier officier venu.

Le point faible de la place était son côté est, celui de l'Uruméa, bordé de sa muraille, sans fossé, sans contrescarpe, sans glacis. La muraille était bien baignée par la rivière, mais seulement au moment le plus haut de la marée ; le reste du temps, elle était à sec. On y avait suppléé en construisant sur L'Orgullo une batterie dite le Mirador, qui avait vue sur toute la longueur ; mais toute la partie sud de L'Orgullo — et le Mirador était sur cette partie — se trouvait commandée, à 1.200 mètres, par la hauteur dite Julia, de l'autre côté de l'Uruméa.

Pour comble, toute la rive droite de la rivière était

bordée, à des distances moyennes de 700 à 800 mètres, par des collines sablonneuses nommées les Chofres, d'où l'on avait vue sur le mur d'enceinte jusqu'à sa base.

C'est au milieu de ces collines que la route de Passage venait aboutir à un pont de bois sur la rivière.

En fait, dans la construction de la place, les ingénieurs avaient surtout soigné le front de terre et le réduit de La Motta, comptant sur l'Uruméa et la mer pour rendre les deux flancs inaccessibles, et encore, sur le front de terre, avaient-ils négligé — probablement en raison de son occupation par un monastère — la hauteur de Saint-Bartholomé, qui, à 700 ou 800 mètres, était une position dominante fort dangereuse pour les défenseurs.

Le major Smith proposa donc l'établissement de batteries sur les Chofres pour enfiler le front de terre et renverser le front de l'Uruméa. Afin de faciliter ce travail, d'autres batteries — établies sur la rive gauche, celles-ci — enfileraient le front de l'Uruméa, et, comme on avait à craindre les feux de L'Orgullo, on établirait sur le Julia, rive droite de l'Uruméa, des batteries d'obusiers et de mortiers pour le couvrir de feux verticaux.

Le projet n'avait rien que de très sensé. On pouvait discuter la question des feux verticaux, mais, en somme, il répondait, ce semble, à l'ordre de Wellington, qui disait : « Il faut prendre la place de la manière la plus prompte et ne rien compromettre par précipitation. »

On avait, pour exécuter tout cela, un équipage de 40 pièces tirées, les unes des vaisseaux, les autres d'un parc qui avait été préparé au port du Passages pour faire le siège de Burgos. Les rapports du colonel Dickson, qui commandait l'artillerie de siège, indiquent : « 20 pièces de 24, 4 canons de 18, 4 canons de vaisseau, 6 gros obusiers et 4 mortiers ».

C'était bien au delà de ce que pouvait opposer la défense.

L'inconvénient était de venir de Passages avec ce
gros matériel, non sur les Chofres, c'était facile, mais
devant le front de terre de la place; il fallait aboutir
sur l'Uruméa à un pont qu'on avait établi fort loin,
nécessairement, des hauteurs de Saint-Bartholomé et
remonter huit ou dix kilomètres par les champs pour
ainsi dire.

* *
*

Nous avons déjà vu que le général Foy, en retraite
vers la frontière, était passé devant Saint-Sébastien le 27,
suivi par le corps anglo-portugais de sir Thomas
Graham.

Le 28, le corps espagnol de Mendizabal, qui précédait
Graham, avait paru devant la place, lançant des éclai-
reurs sur les Chofres et vers le couvent de Saint-Bartholomé, pour voir si l'on se gardait.

Ce jour même, Rey s'empressa de faire brûler le pont
de bois de l'Uruméa, abattre les maisons gênantes et
garnir la hauteur de Saint-Bartholomé de quelques
obstacles de fortification passagère. Déjà, on le voit,
même pour des troupes peu habituées, les points faibles
étaient déterminés.

Mendizabal n'était pas assez bien pourvu pour enlever
une position de haute lutte; néanmoins, il fit le 29
juin une tentative sur Saint-Bartholomé; le 1er juillet,
sur la tête du pont de bois, puis, ne réussissant pas, il
fit couper l'aqueduc qui amenait l'eau à Saint-Sébastien.

Rey, commençant à se sentir enveloppé et ne rece-
vant plus de nouvelles, lança, le 3 juillet, trois petites
colonnes de 250 à 300 hommes au delà de Saint-Bartholomé pour se dégager; mais les Espagnols firent le

vide devant lui. Ils revinrent cependant le 7 sur Saint-Bartholomé, mais déjà la hauteur était assez solide pour ne pas avoir à redouter leur assaut. Le couvent était fortifié, et les routes d'accès sur la place barricadées.

Le 9 juillet, parut la colonne de sir Thomas Graham. celle qui était spécialement désignée pour assiéger Saint-Sébastien, et, de ce moment, Rey était coupé du côté de la terre et n'avait de relations à l'extérieur que par les canots des pêcheurs qui, la nuit, traversaient le blocus de mer pour aller à Saint-Jean-de-Luz et en revenir.

* * *

En détaillant le chiffre, un peu approximatif, des défenseurs, nous avons parlé du caractère du gouverneur. Celui de Graham mérite aussi un mot d'exposition. Au dire des Anglais eux-mêmes, sir Thomas, très brave, saisissant vite les situations, très modeste, avait malheureusement quelque facilité à se laisser aller aux conseils de son entourage, conseils souvent moins judicieux que ses propres conceptions à lui. Certes, le projet de Smith avait des parties faibles. L'ingénieur s'était acquis, comme défenseur de Tarifa aux sièges que nous en fîmes en 1811 et 1812, une réputation méritée ; mais il pouvait avoir moins de science et de promptitude d'imagination comme assaillant.

Toutefois, du moment qu'on tenait à ne rien compromettre, son plan était sage, et il semble qu'on eût dû le suivre et ne pas songer à tout instant à le précipiter, en s'en écartant après l'avoir entamé.

Pour prendre Saint-Sébastien, Graham avait 10.000 hommes : une division anglaise sous Oswald (la 5e, quelques troupes détachées de la 1ʳᵉ division, deux brigades portugaises (Wilson et Bradfort), une partie des artilleurs et marins de la frégate du blocus (la « Surveillante ») et une compagnie de 100 hommes du génie. Le major Smith et sir Richard Flechter, du génie, étaient à ses ordres pour diriger les attaques, l'un, par la rive droite de l'Uruméa et, l'autre, par la rive gauche. Il n'avait pas à s'occuper de contrevallation, couvert qu'il était par Wellington.

Il serait peu intéressant de suivre dans les détails le journal d'un siège, d'autant que, du côté des Français, il n'y a eu que quelques rapports ; mais il y a là un travail de défense et d'attaque des premiers jours d'excellent modèle (lutte d'approche).

⁎

Dès le 10, c'est-à-dire le lendemain de l'arrivée de Graham, les opérations commencèrent.

On s'occupa de placer sur les Chofres l'artillerie nécessaire et de préparer des batteries pour réduire le couvent de Saint-Bartholomé, qui était si gênant à la naissance de l'isthme.

Le 13, on fit, à bonne distance, l'armement de deux batteries, sur la rive gauche, contre Saint-Bartholomé. A cette même date, et à des distances variables, suivant les dispositions des dunes, on avait quatre batteries de six grosses pièces chacune sur les Chofres.

Le 14, on ouvrit le feu sur Saint-Bartholomé d'abord, car il fallait avant tout déblayer les approches.

Le 15, ce feu continua. On l'augmenta de celui de quatre obusiers placés sur la rive droite de l'Uruméa, puis on essaya de l'enlever avec une brigade portugaise, mais sans succès. Au contraire, ce furent les Français qui sortirent et poursuivirent presque jusqu'aux batteries.

Le 16, sans discontinuer le feu, on construisit sur la rive gauche de l'Uruméa une autre batterie de sept pièces pour écraser Saint-Bartholomé. Mais, le 17, voyant le couvent presque en ruines, le feu dans les toitures, on ne voulut pas attendre l'intervention de cette nouvelle batterie, et l'on forma deux colonnes mi-portugaises, mi-anglaises, pour l'enlever d'assaut avec de l'artillerie de campagne en soutien.

L'attaque simultanée, mais fort lente, se fit le matin, vers 10 heures.

Autour du couvent se trouvaient des maisons appelées le faubourg Saint-Martin, fort démolies bien entendu par cette tempête de boulets et d'obus de deux jours consécutifs. Ce fut dans le couvent en ruines et dans ces maisons délabrées que se concentra un combat fort vif d'infanterie. La garnison de Saint-Bartholomé n'était que de quelques petites compagnies du 22ᵉ de ligne, mais les soldats étaient des tirailleurs de premier ordre et l'occupation de ces maisons fut un acte très difficile à accomplir, en dépit de la mitraille de la batterie de campagne.

Les troupes anglo-portugaises purent cependant se loger dans le couvent et les maisons ; mais quand il fallut pousser plus loin, elles trouvèrent, entre la hauteur et les ouvrages de la place, des tranchées, une grande redoute circulaire de meubles, de pierres et de tonneaux, et force fut de revenir en arrière.

Toutefois, on était maître de la hauteur et on se hâta de se mettre à l'œuvre pour y faire deux batteries qui devaient enfiler l'ouvrage à cornes et le front de l'Uruméa.

C'était néanmoins un commencement de succès.

Jusqu'ici, le siège allait aussi bien que possible, vu

les difficultés de transport du matériel dans l'isthme, mais on ne précipitait pas trop, et cela pouvait marcher — quoique cependant on eût perdu beaucoup trop de monde à Saint-Bartholomé. Les rapports du siège n'ont pas osé en donner le chiffre, mais il dut se rapprocher de 400 ; car, dans la relation, l'état-major dit : « Les pertes des Français s'élevèrent à 240 hommes, mais les nôtres furent bien plus considérables. »

Il est certain que, si l'on avait employé le 17, peut-être la matinée du 18, à couvrir d'obus le faubourg avec la batterie élevée la nuit du 16 de l'autre côté de l'Uruméa, on nettoyait le pays jusqu'aux ouvrages permanents.

Ce fut une faute, mais on comprend, jusqu'à un certain point, que, ne pouvant des premières batteries de la rive gauche balayer le front et le flanc Est des remparts, on eût fait ce sacrifice pour unir les feux des Chofres et de Saint-Bartholomé.

Le 18 et le 19, on revint aux batteries.

On approvisionna les quatre batteries des Chofres, on transporta quatre pièces et deux mortiers sur le mont Julia pour plonger sur le mont Orgullo, et l'on mit des canons sur le Saint-Bartholomé.

Le 20, le feu fut partout ouvert.

Le projet, approuvé par Wellington, se subdivisait en quatre actes : ruiner les défenses par un feu soutenu, — se loger dans l'ouvrage à cornes, afin d'être maîtres en avant de l'enceinte de terre, — faire brèche dans l'angle (sud-est), auquel angle, mais seulement pendant les hautes eaux, l'Uruméa venait baigner le pied des murailles ; — la brèche praticable, on donnerait l'assaut au grand jour et à marée basse, bien entendu (1).

---

(1) Saint-Sébastien avait été assiégée et prise, en 1719, par le maréchal de Berwich. Il se trouva, tout à fait par hasard, que Smith choisit pour faire brèche précisément l'endroit où avait été faite la brèche en 1719.

La journée du 20 fut médiocre pour l'assiégeant. C'est par la démolition de l'ouvrage à cornes qu'on eût dû commencer; mais les artilleurs ne purent résister au désir de commencer la brèche d'abord, et la nuit vint sans qu'on eût grand résultat.

Toutefois, le 21, puisque l'on avait l'idée de la brèche avant tout, il fallait se préparer à s'y rendre. On envoya donc dans la nuit tout un monde de travailleurs pour tracer une grande parallèle à travers l'isthme, entre l'ouvrage à cornes et le Saint-Bartholomé. Le hasard fit que, en creusant, les travailleurs rencontrèrent le conduit de l'aqueduc coupé quelques jours avant par Mendizaba, et qu'on ne soupçonnait guère. Ce conduit passait, par mauvaise fortune pour les Français, juste au pied de la contrescarpe de l'ouvrage. On y glissa trente barils de poudre avec un fort amas de terres et de pierres, de façon à faire sauter cette contrescarpe; et l'on attendit (1).

Le 22, on ouvrit, dans la muraille de l'Est, entre les deux tours Los Homos et Las Mesquitas, une bonne brèche, et l'on amena devant cette brèche quatre caronades de gros calibre pour abattre les défenses que l'on pourrait y faire.

Le 23, la brèche paraissant praticable, on eut l'idée d'en faire une autre à droite de la première; dès le soir, celle-là aussi était praticable. Comme, en même temps, on avait dirigé sur la première brèche le feu de plusieurs mortiers, on mit le feu aux maisons voisines.

On avait décidé de donner l'assaut le 24; mais, ce jour-là, l'incendie de la ville du côté de l'attaque était tel qu'on n'osa pas engager la colonne au milieu de ces

---

On le lui a reproché, parce que, disait-on, le mur était plus solide là qu'ailleurs, mais c'est un reproche sans valeur.

(1) Le 21, sir Thomas Graham envoya le matin une sommation de se rendre. Mais le parlementaire fut renvoyé sans réponse.

flammes, car les maisons étaient très voisines du mur. La journée se passa à envoyer des boulets sur le rempart et à démolir une autre partie du mur à gauche de la première brèche, très agrandie par cette avalanche de fer.

* * *

Les assiégés avaient trop peu de moyens pour tenir tête à l'énorme matériel d'artillerie déployé devant les murs. Ils mirent cependant, le 20, une ou deux pièces hors de service dans les batteries de la rive gauche, diminuèrent le feu le 21, firent une courte sortie, dans la nuit du 21 au 22, pour essayer d'arrêter momentanément la construction de la parallèle dans l'isthme, puis, dans les journées du 22 au 23, s'occupèrent essentiellement de travailler aux défenses intérieures, réduisant le feu à quelques coups de canon de temps à autre.

On ajouta une pièce à la batterie qu'on avait au-dessous de celle de Mirador, laquelle avait vue sur les attaques.

Enfin, dans la nuit du 23 au 24, le général Rey prit toutes ses mesures pour tenir tête à l'assaut qu'il prévoyait prochain.

On monta deux canons de campagne sur le haut cavalier du front de terre, on mit une pièce dans l'ouvrage à cornes, deux dans les casemates du cavalier, deux derrière un épaulement retranché qui traversait le fossé du front de terre pour faire feu devant la brèche principale. Il y avait sur la tour Las Mesquitas un canon de 24, on mit deux canons de campagne sur l'autre tour Los Homos. On approvisionna deux canons de 24 du bastion Saint-Elme, deux semblables au retranchement attenant au Mirador et à sa droite.

l'Org...
et ses dé...
la Motta
Ste 7...
Ile Sta Clara
Bie
Port
Rade
Ou...
Gde Parc
Redoute cir...
Bie
Couvent d'Antigna
Bies
Redoute
Couvent
St. Bartholome
T
F
St. Ma...
Route
de
Bie
Echelle approximative
0   100   200   300   400   500 Mes

Bastion St Elne
le Mt Julia
et les batteries à tir plongeant
Tour de los Mosquitas
Petite Brèche
les Chofres et les batteries de brèche
Bie
Bie
Grande Brèche
Gué
Tour de los Hornos
Route de Passages
Bie
Bast. St Jean
Pont de bois
Bie
Direction des attaques
Bie
Terrain couvert à marée haute
Bie
Urumea Fl.
les Chofres et les batteries de brèche
Bie
ST SÉBASTIEN
1813
(Croquis expédié)
Bie

La pièce de la tour Las Mesquitas flanquait les brèches en avant; celles du retranchement à droite du Mirador les couvraient en arrière. On avait mis sur le rempart tout un approvisionnement de grenades pour jeter sur les colonnes assaillantes; enfin on avait abandonné aux flammes les maisons trop près de l'enceinte, se bornant à créneler celles en arrière, devant lesquelles l'assaut aurait à déboucher pour entrer dans la ville.

C'était, on le voit, une défense aussi bien préparée que possible, quoiqu'il y eût, du fait de l'incendie violent des maisons, le grand inconvénient de mettre provisoirement à l'abri, hors de leur emplacement, les pièces les plus rapprochées dont les affûts auraient pris feu, ainsi que leurs munitions.

Ainsi que nous l'avons dit, on s'était trouvé dans l'obligation, par suite de la violence de cet incendie, qui fermait l'entrée des brèches, de remettre l'assaut au lendemain du 24.

On remarquera que, si les défenses étaient suffisamment ruinées, on avait ouvert deux brèches, et même deux et demie, en tous cas, une grande et une petite, au lieu d'une seule. Enfin, on n'était pas logé dans l'ouvrage à cornes, devant lequel il fallait passer, et, par un empressement maladroit, au lieu de lancer les colonnes en plein jour, comme Wellington l'avait prescrit, on crut bon de profiter des dernières ténèbres de la nuit. Et, à ce moment, les eaux qui descendaient étaient encore assez hautes pour rétrécir le terrain d'attaque et avaient laissé le terrain humide et glissant, car il était semi-rocheux, semi-sablonneux et couvert d'algues marines.

Toutefois, on voyait si peu de pièces sur les remparts, elles étaient, la plupart, de si petit calibre, que Graham ne pouvait douter de la réussite d'un assaut préparé, au point du jour, par 31 pièces de gros calibres, obusiers, mortiers, caronades empruntées aux vaisseaux : les parapets devaient être balayés et inoccupés

* *
*

Donc, dans la nuit du 24 au 25, on forma, du côté droit de la parallèle agrandie, deux colonnes : l'une, celle de gauche, d'un bataillon de troupes d'élite écossaises, suivi d'un détachement porteur d'échelles et de fascines destiné à aller occuper la courtine haute, une fois la brèche enlevée, et soutenu par un régiment de renfort ; l'autre, celle de droite, composée d'un régiment seulement. (On sait que ce que l'on appelait régiment, en Angleterre, était plutôt un gros bataillon composé d'un plus ou moins grand nombre de compagnies, généralement huit.) En tout, 2.000 hommes d'assaut. La colonne de gauche allait se lancer sur la grande brèche, celle de droite sur la petite. Ces brèches se présentaient un peu en biais ; mais c'était sans grande importance, étant donné qu'on considérait les parapets comme intenables après que les projectiles les auraient balayés pendant quelques instants.

Ce qui n'était pas sage, c'était de passer sur le flanc de l'ouvrage à cornes, que l'on savait garni de tirailleurs et où l'ennemi pouvait mettre du canon (Rey y avait fait, en effet, transporter de nuit une pièce de campagne approvisionnée de mitraille). Il est vrai qu'on comptait sur la mine préparée dans le canal de l'aqueduc pour renverser la contrescarpe dans le fossé ; mais cela pouvait manquer et n'était basé que sur des probabilités.

Ce qui n'était pas sage non plus, c'était, contrairement aux intentions du généralissime, de se lancer la nuit, au moment où la marée descendait il est vrai, mais où le terrain sur lequel on se précipitait était, nous l'avons vu, un obstacle ; mais surtout avant que les batteries des Chofres eussent pu voir leur tir et le rectifier.

** *

Donc, le jour n'avait pas paru que, dans la précipitation d'en finir, on mit le feu à la mine de l'aqueduc. Un fracas énorme ! L'ouvrage à cornes parut ébranlé jusque dans ses fondements, mais, en somme, le fossé n'était pas comblé. Le régiment portugais, qui devait entrer, s'élança ; mais il fallut s'arrêter au bord de la muraille : pas d'échelles, et pas d'escalade possible. Heureusement pour lui, les 150 ou 200 hommes (du 62e), qui occupaient l'ouvrage, avaient quitté le rempart et se sauvaient en désordre vers l'entrée, sans quoi il y eût eu là une hécatombe.

En même temps que les Portugais, les deux colonnes avaient sauté des tranchées et couraient aux brèches, heureuses toutefois de la non-occupation du mur de l'ouvrage, qui, garni de tirailleurs un instant auparavant, aurait couché sur le terrain bien des assaillants.

Il fallait faire, au pas de course, de nuit, sur ce terrain, 300 mètres environ pour gagner le pied des brèches. Il y eut forcément grand désordre, désordre que, à l'explosion de la mine préparée dans l'aqueduc, augmentèrent encore quelques-uns des canonniers des batteries des Chofres qui ouvrirent le feu et dont les boulets passaient, en ébranlant l'air, sur les troupes assaillantes, plusieurs obus venant, d'autre part, éclater au milieu ou très près d'elles.

Les quelques officiers et soldats qui avaient pris la tête du bataillon écossais escaladèrent la grande brèche, mais les suivants s'arrêtèrent dans une inexprimable confusion, tournoyant au pied de l'amoncellement des terres et des pierres. Le régiment, qui eût dû apporter le renfort d'une poussée vigoureuse, était disloqué en arrivant, et une partie de l'autre régiment destiné à assaillir la petite brèche à droite était débandée.

Les plus hardis escaladaient la grande brèche derrière les premiers arrivés; mais, là, on ne pouvait avancer. Un feu de mousqueterie terrible partait des maisons ayant vue sur l'entrée, occupées par le 1er de ligne français, aidé du canon des deux tours et des bombes envoyées des batteries du mont Orgullo.

Tout cela dura, on le comprend, fort peu de temps. Il y eut ensuite ce flottement particulier d'une foule resserrée dans un étroit espace et où la tête et la queue sont dans des impulsions contraires, puis mêlées les unes les autres. Ecossais, soldats du 38e, soldats du 9e régiment, Anglais et Portugais, tout ce qui restait debout s'enfuit dans les tranchées, poursuivi de coups de fusil et de coups de mitraille, obligé de repasser sous le feu des soldats français, revenus dans l'ouvrage à cornes et en garnissant les remparts.

On laissait sur cet étroit terrain, tués et blessés, le tiers au moins de l'effectif. Lorsque se leva le jour, on envoya un parlementaire solliciter une trêve d'une heure pour envoyer les ambulanciers relever toutes ces victimes.

C'était pour la garnison française un magnifique succès militaire.

Et ce qui le rendit plus grand encore, ce fut de voir, dès le lendemain, convertir le siège en blocus.

Wellington, en effet, accouru en hâte, le 25 août, dans l'après-midi, de Lesaça, où était son quartier général, avait vu que sir Thomas Graham avait eu une sorte de désastre.

On s'en prenait naturellement à tout le monde : les

uns n'avaient pas suivi les projets acceptés par le généralissime ; les autres avaient manqué à ses prescriptions ; on avait commis des fautes militaires inpardonnables ; enfin, généraux, officiers et soldats n'avaient pas montré la vigueur désirable, et cependant 49 chefs de tout grade avaient payé de leur vie ou de leur sang.

C'est l'éternelle habitude.

On oubliait qu'on avait eu affaire à un officier général de premier ordre comme tempérament et à des soldats de première qualité.

Bref, quand, en rentrant, le soir, à son état-major, fort irrité de ne pas avoir vu occuper Saint-Sébastien, qui lui eût été si utile, Wellington apprit que ce même jour son adversaire, le maréchal Soult, avait pris l'offensive, il se hâta de prescrire à sir Thomas Graham de faire retirer son artillerie, de faire conduire toutes les pièces de siège au Passages, de ne laisser que quatre ou cinq canons le long de l'Uruméa et de se contenter de bloquer la ville, sans aucune démonstration, obligé qu'il pouvait être de partir un jour ou l'autre, suivant les événements qui suivraient la rentrée des Français en Espagne.

Le 1ᵉʳ août, les ordres étaient exécutés. La garnison, à bout de forces — elle avait 850 hommes de moins sous les armes — n'essaya qu'une petite sortie vers Saint-Bartholomé.

Après quoi tout rentra dans un calme relatif, indispensable après une période si mouvementée, car les régiments anglais et portugais comptaient 1.300 hommes de moins.

*
* *

Du côté des Anglais, on était mécontent de ce grand effort de près d'un mois sans aboutir ; on disait volontiers que, « si sir Thomas Graham était un brave, il était, au point de vue intellectuel, plus prompt que réfléchi. Sa modestie, jointe à sa facilité de caractère (?), lui faisait abandonner ses propres et sages conceptions pour suivre les conseils moins judicieux de ceux qui l'entouraient et lui proposaient des changements aux projets décidés antérieurement ».

Bref, dans ce groupe de 10.000 Anglo-Portugais, comme dans toutes les armées grandes et petites, il n'y avait peut-être pas, autant qu'on l'a voulu dire, un accord parfait sur toutes les questions, et, lorsque le généralissime Wellington n'était pas là, généraux, états-majors, chefs de service ne se gênaient pas trop pour faire quelques censures.

⁂

Nos débris de quatre petits régiments, réduits à 1.750 ou 1.800 hommes en tout, étaient plus modestes encore que ne pouvait l'être le général anglais. Très fiers, très contents même, on peut le dire, de voir, du haut du grand rempart et du château de La Motta, leurs ennemis occupés à retirer leurs canons des batteries des Chofres, ils vivaient au milieu de ces ruines et de cette population anéantie par le malheur avec cette insouciance du soldat d'alors, dont la guerre était devenue l'élément, et, quand vint le 15 août, ils célébrèrent avec une sorte d'ostentation la fête de l'Empereur en couronnant le mont Orgullo et le château de La Motta d'une sorte d'illumination grandiose que purent voir à quelques kilomètres à la ronde tous les camps de l'ennemi.

« L'armée s'efforcera de secourir Saint-Sébastien. »

C'était la seule espérance que pût avoir la garnison et la seule réponse qu'avait cru devoir faire le maréchal au défenseur de ces ruines lorsqu'il lui écrivit : « Une fois les bastions occupés il ne me reste plus que 250 hommes de réserve pour faire face à un nouvel assaut. »

****

Donc, le 1er août 1813, Saint-Sébastien n'était plus que bloquée. L'artillerie de siège avait été transportée au Passages, qui était une des bases maritimes d'opérations, et il ne restait plus devant la place que la 5e division (Oswald) anglaise et les brigades portugaises de Wilson et de Bradfort, tout cela diminué et réduit à 8.000 ou 8.500 hommes, au lieu des 10.000 du mois de juillet.

Cette diminution, quelque grande qu'elle fût, n'était évidemment pas en proportion avec celle de la garnison, qui ne portait, elle, que sur 2.500, peut-être 3.000 hommes, dont 850 étaient, à cette époque, à défalquer.

****

Après le combat d'Echalar, le 2 août, combat qui terminait la série des premières offensives de Soult, le Généralissime anglais, voyant que le Maréchal prenait ses dispositions pour passer à la défensive et couvrir la frontière contre une invasion, reprit son projet sur Saint-Sébastien. Il y eût eu un moyen fort simple de hâter la reddition, c'eût été d'attaquer simultanément par terre et par mer ; mais il fallait des vaisseaux avec de la grosse artillerie, et l'on n'avait voulu envoyer d'Angleterre que quelques petits navires pour la surveillance des côtes, trop étendues, du reste, pour qu'ils pussent faire un travail efficace.

Force était donc de revenir au projet d'attaque par

terre, en prenant plus de précautions pour ne pas aboutir à un échec comme celui du 25 juillet.

Dès le 5, on reprit petit à petit les travaux et l'on ramena de Passages les meilleurs canons. On se mit tout d'abord à agrandir les batteries de Saint-Bartholomé ; on fit un logement pour deux pièces au couvent d'Antigua, à gauche de Saint-Bartholomé, d'où l'on avait une vue complète sur la rade et sur l'île Santa-Clara, qui en fermait en partie l'entrée ; on releva les batteries des Chofres et on les agrandit. La grande parallèle, en travers de l'isthme, qui avait été occupée pendant le blocus, fut refaite, approfondie et étendue.

Ces travaux importants prirent toutes les premières semaines d'août. On tirait bien, de temps à autre, quelques volées de coups de canon, mais peu, faute de munitions, qu'on attendait d'Angleterre avec un autre matériel.

Ce n'est que vers le 20 qu'il arriva, ou que, tout au moins, on put le débarquer. Il était énorme, mais péchait par la quantité des approvisionnements qui allait obliger les artilleurs à une grande économie de munitions.

Dans la nuit du 22 au 23, le matériel existant s'augmenta de quinze pièces ; il en vint six ou huit le 23, quatorze dans la nuit du 23 au 24, quelques autres le 25. Les munitions suivaient.

On voit qu'en matériel on avait presque au delà des besoins ; les situations du temps donnent 117 bouches à feu de tout genre, canons, obusiers, caronades, mortiers. Bref, le 25, on avait sur les Chofres 42 pièces ; on en avait 13 sur la hauteur de Saint-Bartholomé, 2 à Antigua.

Le feu s'ouvrit le matin du 26, les pièces de la rive droite tirant sur la face Est, et celles de la rive gauche prenant pour objectif l'ouvrage à cornes et le front principal qui dominait toutes les autres fortifications de l'isthme. Il dura toute la journée, assez actif.

Le soir, les deux tours de la muraille sur l'Uruméa étaient, ainsi que la muraille, prêtes à tomber ; le demi-bastion Saint-Jean, qui terminait la grande fortification vers l'Uruméa menaçait ruine. Sur la rive gauche, vu la distance (700 mètres) et l'obligation d'un tir indirect — puisqu'il fallait passer par-dessus l'ouvrage à cornes pour arriver au pied de la haute courtine — on avait eu moins d'effet, d'autant que, là, il y avait des fossés, des contrescarpes et un glacis, tandis que le mur, sur l'Uruméa, était visible jusqu'à son pied, à marée basse.

De ce côté donc, il fallait agir plus violemment, et Wellington, qui vint ce jour-là, dans l'après-midi, voir où l'on en était, prescrivit de s'occuper sur-le-champ de renforcer les batteries de Saint-Bartholomé d'une batterie nouvelle pour six canons, à construire à l'extrémité droite de la parallèle, à 300 ou 350 mètres au plus du front de défense central.

*
* *

Nous avons dit que la rade était à peu près fermée à son extrémité nord par une île, sorte de gros rocher émergeant de la mer. Ce rocher n'était pas fortifié, car le château de La Motta le dominait suffisamment ; mais, pour interdire les passes, surtout la passe ouest, aux canots ennemis qui auraient eu la velléité d'entrer, Rey y avait placé une petite garnison de 25 hommes.

L'occupation de cet îlot n'était pas, pour Wellington, de grande importance, puisque les bâtiments anglais ne pouvaient entrer dans la rade tant que nous restions maîtres de la place et de l'Orgullo. Toutefois, pour bien établir la décision d'en finir à tout prix avec le siège, il fit attaquer, le lendemain de l'ouverture générale du feu, l'île par les canots de la frégate laissée en surveillance devant la côte (cette frégate s'appelait « la Surveillante »).

Grâce à la nuit — car on fit cette opération à 3 heures du matin — les canots furent aperçus un peu tard, mais la petite garnison (soldats du 22ᵉ) ne fut pas commode à enlever, et l'abordage, exécuté par un détachement de 100 fantassins ou marins, coûta aux assaillants 28 tués ou blessés.

On s'empressa de profiter des abris laissés par le détachement français, et, comme, en somme, l'occupation de l'île n'avait pas grand intérêt en ce moment si grave pour la défense générale de la place, et que Rey se disait fort bien que, s'il tenait bon à un nouvel assaut, les batteries de l'Orgullo auraient vite raison de ce gros rocher, on en profita, le lendemain 28, pour y amener six pièces avec leur approvisionnement. La frégate de blocus n'était pas de force, avec son artillerie, pour s'attaquer aux batteries de mer de l'Orgullo, mais ces six pièces, qui allaient en être à 700 ou 800 mètres, pouvaient les prendre à revers.

Pendant que s'opérait cette petite opération, on s'était mis, à grand renfort de bras, à la construction de la batterie ordonnée par Wellington. C'était évidemment une idée heureuse que cette batterie, mais pas commode à l'exécution, à 300 ou 400 mètres d'une place dont les défenseurs n'étaient point inertes.

Le généralissime aurait voulu y voir six grosses pièces à effet destructif; mais tout ce qu'on put faire fut d'en installer deux; les autres arrivaient à destination avec des avaries causées par le feu de la place, qui les rendait inutiles.

Dans la nuit du 29 au 30, on put à grand'peine en amener une troisième de moindre calibre.

*
* *

Nous venons de dire que la garnison n'était pas
inerte : on va en juger. Rey avait utilisé de son mieux
les journées de répit qu'il avait eues après son succès
du 25 juillet. Tout d'abord, comme le blocus anglais
exercé par deux bâtiments seulement était peu dange-
reux, les caboteurs de la côte avaient continué leurs
tournées entre Bayonne et Saint-Sébastien, entre
Bayonne et Bordeaux ; il avait, de son mieux, réparé
son artillerie, reconstitué ses munitions, réorganisé ses
magasins. Avait-il reçu quelques renforts en hommes ?
Il n'a pas été possible de s'en assurer bien exactement.
En tout cas, et quoique les Anglais aient écrit que la
garnison, lors de la reprise du siège, était sensiblement
égale en effectif à ce qu'elle était en juillet, ce doit être
improbable. Où aurait-on pris ces soldats ? Soult était
trop à court lui-même pour le faire, et, si Rey a reçu
une petite part des quelques centaines de conscrits qu'on
put ramasser, pour l'armée d'Espagne, dans les départe-
ments, déjà si épuisés, du Midi, ce n'est pas cela qui
pouvait rendre grand service à une garnison où, au
milieu d'un pareil fracas, il fallait, dans une succession
de luttes presque corps à corps, des soldats absolument
éprouvés.

*
* *

Lorsque, du haut de l'Orgullo, Rey vit, dès le commencement d'août, reprendre les travaux sur les Chofres,
y ramener du canon, il comprit que le siège allait re-
commencer et pressa avec plus d'activité encore la construction des obstacles qu'il pouvait opposer à une attaque.

Il n'avait pas les moyens de relever les murs écroulés ou branlants, il fallait les laisser tels quels ; mais il pouvait encore mettre opposition au débouché des grandes brèches, et c'est à quoi il s'occupa avec les officiers du génie.

Comme c'était forcément par les mêmes points que l'adversaire pouvait faire une nouvelle attaque, ce fut de ce côté, à l'enceinte de l'Uruméa et à l'entrée du demi-bastion Saint-Jean, qu'on accumula les difficultés d'assaut. De solides travaux, composés de tous les matériaux que l'on trouvait sous la main, furent élevés à droite et à gauche des brèches pour les isoler de la partie des remparts moins endommagée ; derrière, on fit, devant le débouché des brèches, de gros amas d'escarpements dont une partie existait du reste de nature, pour diviser la masse assaillante, et derrière enfin, utilisant les ruines des maisons et les murs encore debout, on fit une bonne ligne de meurtrières, que garniraient les fantassins.

La tour de Homos était la directrice, en quelque sorte, des attaques. Elle était fort endommagée. On y fit, au pied, à l'extérieur, une énorme mine ; on en creusa deux autres plus petites au saillant du chemin couvert, entre l'ouvrage à cornes et le corps de place, et, si les colonnes d'assaut pouvaient passer outre à tous ces obstacles, elles tombaient dans les rues de la ville au milieu d'un dédale de barricades, de façon à donner le temps à la garnison de gagner le réduit d'Orgullo en défendant pied à pied la cité.

On verrait après.

On avait mis en jeu, lors de la première attaque, en août, toute l'artillerie dont on pouvait disposer, pièces de place et pièces de campagne : un canon de 4 dans l'ouvrage à cornes, deux sur la partie haute du cavalier, deux (un de 8 et un de 12) dans le flanc du cavalier, ayant vue sur le terrain de l'attaque, deux dans le fosse pour battre le pied de la grande brèche si possible. On ajouta à la batterie du bastion Saint-Elme une pièce de 16, restée en réserve. Bref, c'était toujours quatorze pièces environ ayant plus ou moins vue sur le parcours de l'attaque.

∗

Le 26 juillet, le lendemain de l'assaut manqué, le bataillon du 34ᵉ fit une sortie, au point du jour, sur la grande tranchée de l'isthme. On ne s'y attendait pas, et les compagnies de garde (Portugais et Anglais) n'eurent que le temps de s'enfuir et furent près d'être enlevées. On en fit une autre du même côté, le 1ᵉʳ août, qui rentra avec quelques prisonniers, par lesquels on sut ce qui se passait.

Les journées du 23 et du 24 août, employées au renforcement de l'armement des batteries, avaient fort attiré l'attention des Français. De plus, on avait cru remarquer des mouvements de travailleurs, la nuit.

Le 25, un peu avant la pointe du jour, le 62ᵉ, qui occupait l'ouvrage à cornes, fit une sortie sur la gauche des attaques, chassa les défenseurs de la parallèle, et, voyant qu'on avait commencé une sape pour approcher à l'abri, il la détruisit en partie avant que l'arrivée des réserves l'obligeât à rentrer.

Le 26, on avait aperçu beaucoup de travailleurs et un grand mouvement sur la droite de la parallèle. C'était l'exécution de l'ordre de Wellington de faire là une batterie nouvelle plus rapprochée du corps de place. Le bataillon du 1ᵉʳ (les 1ᵉʳ, 22ᵉ, 34ᵉ, 62ᵉ, malgré leur qualificatif de régiments, n'avaient réellement à Saint-Sébastien que la force d'un petit bataillon de 400 ou 500 hommes au maximum) fit une sortie dans la nuit (à 3 heures du matin) de ce côté. La sortie ne put arriver au but, mais elle arrêta le travail et surtout l'arrivée des matériaux pour les planchers des grosses pièces. Cette sortie fut renouvelée dans la journée, comme simple démonstration.

Ainsi que nous l'avons dit, un feu intense de toutes les pièces ayant vue sur les remparts de la ville avait commencé le 26. On recommença le 27 au matin, ayant interrompu tout tir de nuit.

Le 28, le tir continua, mais très lent, pour reprendre le lendemain avec plus d'intensité : comme de nouveaux canons arrivaient peu à peu, c'était, ce jour-là, avec 63 pièces de tout genre au lieu des 57 du 26.

Durant toutes ces quatre journées, les remparts, la ville et les fortifications du mont Orgullo furent couverts de boulets, d'obus et de bombes.

Les canons français étaient en trop petit nombre pour lutter. On les avait mis le plus possible à l'abri, ne continuant de tirer qu'avec les quelques pièces de 24, de 16 et de 12 qui avaient un peu de vue sur les Chofres et sur Saint-Bartholomé.

En fait, les Anglais devaient considérer le feu de la place comme éteint, lorsque arriva la journée du 30. Les observateurs ne pouvaient avoir de doute sur les résultats. Ils étaient visibles à l'œil nu. Le côté gauche de l'ouvrage à cornes était ruiné, son palissadement était renversé. Dans le corps de place, le demi-bastion Saint-Jean et l'extrémité de la courtine adjacente formaient un monceau de ruines. La grande brèche, dans le mur de l'est, agrandie et affaissée à coups de canon, offrait les plus grandes facilités d'escalade. On en avait fait deux reconnaissances, et il n'y avait aucun doute de ce côté. Les seules choses qu'on ignorât étaient les dispositions intérieures prises par le gouverneur ; mais, en raison du feu si puissant qui couvrait la ville et l'Orgullo, on comptait en avoir facilement raison.

Lord Wellington décida que l'assaut aurait lieu le 31, à 11 heures, lorsque la marée serait basse et que, par suite, le terrain de l'attaque serait agrandi et à sec. A ce moment-là, de plus, on s'était assuré que, devant les Chofres, il y avait un gué relativement facile (1).

On avait agrandi la tranchée de la parallèle, poussé des tranchées de sape en avant, démoli tout ce qui pouvait faire obstacle à un mouvement en avant, tout enfin était paré, et l'on distinguait très bien, à distance, que, sur 200 mètres au moins, du côté de l'Uruméa, l'enceinte était ouverte et éventrée par trois brèches, dont une centrale énorme.

Toutefois — et c'est une critique qui n'a été ménagée ni à Wellington, qui venait presque chaque jour au siège, ni à sir Thomas Graham, qui cependant en avait fait le 25 juillet la sévère expérience — si tout était paré, tout n'était pas préparé pour un assaut. On avait attribué l'insuccès du précédent à ce qu'on n'avait pas tout d'abord fait évacuer aux Français l'ouvrage à cornes qui se trouvait sur le passage des colonnes, à leur gauche ; à ce que les défenses de l'adversaire autour des brèches et en arrière n'étaient pas détruites ; à ce que l'on avait voulu faire deux attaques simultanées par les deux brèches du mur de l'Uruméa, ce qui était impossible, puisque l'on avait besoin de plus de temps pour gagner la petite brèche que la grande ; on avait démontré qu'il y avait eu manque de vigueur chez les assaillants, et que le moment choisi pour l'assaut, tout

---

(1) Ce qu'on craignait le plus, c'est que les Français ne connussent ce gué et ne fissent, une nuit, une sortie sur les Chofres. Aussi prit-on toutes sortes de précautions pour qu'ils ne pussent enclouer les canons des batteries. Toute la nuit les lumières des pièces étaient couvertes de plaques de forte tôle attachées par des chaînettes solides.

à fait à la pointe du jour, alors qu'il faisait encore sombre et que la marée n'était pas étale, était peu propice à une course rapide de plus de 300 mètres.

Parer à la première difficulté — la non-occupation de l'ouvragè à cornes — n'était pas possible, ainsi que le disaient très justement les ingénieurs anglais. Tant qu'on n'était pas maîtres du haut corps de place qui dominait tout l'ensemble, il n'était pas loisible d'établir un logement sur la brèche, ni sur l'ouvrage à cornes. Les efforts pour cela eussent été vains ou au moins trop coûteux en hommes pour l'essayer. Certes l'énorme développement d'artillerie des assiégeants permettait toutes les démolitions sur l'est de l'enceinte; mais les fortes pièces des Chofres ne prenaient le corps de place qu'en enfilade et pouvaient, avant l'assaut, le faire évacuer par les défenseurs dans les parties supérieures; mais, une fois les colonnes engagées, il n'y avait plus moyen d'empêcher de les réoccuper.

En ce qui concernait la brèche la plus éloignée, on avait décidé, pour couper court à la difficulté de mouvoir tant de monde dans l'étroit espace entre l'Uruméa et la gauche du corps de place, d'en confier l'attaque aux Portugais qui étaient sur la rive droite. On savait la rivière guéable aux basses eaux; c'est en passant à gué que le général Bradfort devait l'assaillir directement.

La question du moment était tranchée. Ordre d'attaquer le 31, à 11 heures du matin, marée basse.

Enfin, Wellington avait eu l'idée, suivant nous très discutable, de demander des volontaires dans les régiments anglais campés sur la frontière, et l'on avait envoyé à Saint-Sébastien un détachement de 750 hommes, pris sur leur demande (Anglais et Allemands), qui allaient, suivant son expression, « apprendre aux autres comment on monte à l'assaut ».

**

Dans la nuit du 30 au 31, sir Thomas Graham réunit les principaux chefs de service pour arrêter définitivement les dispositions du lendemain.

Tout d'abord, on avait à ménager les susceptibilités très naturelles du commandant de la 5e division anglaise (général Oswald). Lors de l'assaut de juillet, le général avait très carrément fait des objections sur l'opportunité de l'opération dans la situation où l'on se trouvait. Il avait néanmoins fait, le 25, son devoir dans toute l'acception du mot. et il considérait comme une sorte d'outrage pour ses officiers, ses soldats et lui-même qu'on eût envoyé, de régiments n'appartenant pas au corps de siège, des volontaires chargés de prendre la tête de la colonne et de frayer aux autres le chemin de l'assaut.

Comme en juillet, quelques chefs de service firent des objections à l'entreprise. Elle se présentait, disaient-ils, dans les mêmes conditions et, malgré les grands avantages d'une énorme supériorité d'artillerie, n'était pas sans imprudence (1).

Mais les ordres du généralissime étaient formels, quoique un peu vagues et ne précisant pas très exactement si son but était d'enlever de vive force la place entière ou de préparer cet enlèvement en se logeant de vive force sur les remparts de l'ouvrage à cornes et de l'enceinte Est.

L'attaque fut confiée au général Robinson, commandant une brigade anglaise (5e division). Il serait appuyé

---

(1) La 5e division était sous les ordres de sir James Leith, qui était absent le 25 juillet : c'était le général Oswald qui la commandait ce jour-là, mais sir Leith était aussi offensé qu'Oswald de l'envoi des volontaires.

par les volontaires des régiments étrangers au corps de siège et soutenu en arrière par l'autre brigade anglaise (Oswald) et une brigade portugaise. Son mouvement s'opérerait en deux colonnes dirigées, celle de droite sur la grande brèche ancienne et, celle de gauche, sur la brèche du demi-bastion Saint-Jean, nouvellement faite.

La troisième brèche, ancienne aussi, serait attaquée, s'il le jugeait convenable, par les Portugais de Bradfort, qui, ainsi que nous l'avons dit, devaient essayer de traverser à gué la rivière devant les Chofres.

*
* *

Pour tenir devant cette avalanche, Rey, nous l'avons dit, n'avait que ses quatre petits groupes de bataillons ayant 400 ou 500 hommes au plus (le nombre de rationnaires, tout compris, dans la garnison, ne montait pas à 2.500). Le 22ᵉ de ligne occupait ou, mieux, devait occuper l'ouvrage à cornes, avec quelques postes détachés. Le 34ᵉ était sur le corps de place et la brèche du bastion Saint-Jean ; le 62ᵉ, sur le rempart de l'Uruméa et la grande et petite brèche.

Le 1ᵉʳ de ligne était en réserve sur l'Orgullo. Mais quelle réserve ! 250 hommes à peine, car il avait fallu mettre des postes dans les ouvrages bas de l'Orgullo, de crainte d'une surprise. On voyait, en effet, de l'Orgullo, un certain nombre de barques réunies sur la rive droite de l'Uruméa, au pied du mont Julia (1).

---

(1) On se proposait, en effet, de faire, avec quelques larges bateaux chargés de troupes, une démonstration contre Orgullo du côté de la mer et contre la rive gauche de l'Uruméa.

* **

Racontons maintenant ce que fut, ce que dut être cette journée du 31 août, d'une façon générale, sans détails, car, pour entrer dans le détail, il faudrait coordonner toute une série d'épisodes français et anglais écrits dans des sentiments souvent opposés et qui pourraient être de simples « racontars » amplifiés par la légende.

Au matin, une brume épaisse couvrait l'isthme, empêchent de distinguer à quelques mètres devant soi. On devait ouvrir le feu des batteries dès la pointe du jour ; mais c'est à 8 heures seulement que ce fut faisable. On avait trois heures, du reste, pour couvrir de projectiles la place et ses remparts, et c'était suffisant pour déblayer.

Le commandement de : « En avant ! » fut fait dans les tranchées à 11 heures précises. Les colonnes étaient prêtes ; on laissait définitivement les 750 volontaires dans la tranchée, en réserve avec les deux brigades désignées pour renforcer au besoin la brigade Robinson.

Elles partirent à peu près ensemble, celle de la grande brèche, c'est-à-dire de droite, la première. Une première mine, partie sous la tête du détachement, jeta à terre quarante des assaillants ; mais l'élan était bien donné : on passa outre, et, au milieu d'une grêle de mitraille, qui couchait par terre des files de soldats, la masse agglomérée, mais en désordre et rompue, gagna la grande brèche. Les premiers arrivés escaladèrent la pente ; mais, personne ne pouvant passer outre, la multitude des assaillants, affolée de ne trouver d'issue nulle part, tourbillonnait sous le feu des défenseurs.

La deuxième colonne n'avait pas eu, comme la première une mine sous ses pas dès le premier élan ; mais dans le court espace de temps qui s'écoula entre les deux départs, les Français qui occupaient l'ouvrage à cornes s'étaient jetés en grand nombre dans le bastion de gauche, à demi-démoli et sous lequel la colonne passait à très petite distance, et le feu des fantassins ainsi que la mitraille du canon de l'ouvrage semèrent derrière elle tués et blessés.

Les premiers arrivés s'engagèrent sur la brèche du demi-bastion Saint-Jean, mais il fallait aller plus loin, gagner la courtine qui dominait les brèches. Et c'était bien plus difficile encore que n'avait été l'accès de la grande brèche.

La situation était des plus terribles et des plus difficiles. On ne pouvait arriver à un résultat qu'à coups d'hommes, et l'on fit appel, d'abord, à une partie des brigades de réserve, puis, — malgré lui, certes — le général commandant la 5ᵉ division se décida à lancer les 750 volontaires restés jusque-là simples spectateurs de ce carnage.

En même temps, le détachement du général Bradfort, préparé derrière les Chofres, s'élançait dans l'Uruméa, au gué qui avait été reconnu. Les hommes avaient de l'eau jusqu'à la ceinture, et la rivière n'avait pas moins de 200 mètres de large. Ce fut un très beau passage de vive force, et nombre de soldats et d'officiers, atteints au milieu du courant par la mitraille ou les boulets, le payèrent de leur vie. Ceux qui arrivèrent sur la rive gauche se jetèrent partie sur la petite brèche de droite, partie au milieu des assaillants de la grande brèche; mais cette arrivée ne produisit pas la poussée qu'on pensait.

En dépit des canons des Chofres qui couvraient la place de boulets et d'obus, en dépit du courage des assaillants, le feu de mousqueterie des soldats du 62ᵉ et du 34ᵉ ne ralentissait pas. Les pelotons succédaient aux pelotons à l'assaut ; mais, arrivés au sommet des brèches, ils disparaissaient, reculaient sur les troupes de l'arrière, semant de morts et de blessés les ruines des murailles. C'était, au pied de ces ruines, un encombrement extraordinaire.

Deux fois déjà, a-t-on écrit alors, sir Thomas Graham avait été sur le point de donner ordre de battre en retraite. Il s'y était définitivement décidé en voyant, du haut des Chofres, où il était avec son état-major, ce carnage et ces triples insuccès ; on était presque au milieu de l'après-midi et il n'était pas doûteux que l'assaut n'échouât.

La mauvaise fortune, pour les Français, voulut qu'en ce moment plusieurs détonations terribles retentissent sur le corps de place dominant. On avait accumulé derrière les traverses de grosses provisions d'obus chargés, de grenades, de poudre. C'étaient ces approvisionnements qui faisaient explosion, renversant les parapets, écrasant les soldats les plus proches, couchant par terre des centaines de défenseurs.

Le rempart fut enveloppé tout à coup de tourbillons de fumée. Il y eut un assez long moment de trouble et de confusion dont profita la masse pressée des assaillants, fort émue, elle aussi, pour forcer l'entrée barricadée des brèches de droite et de gauche. Les défenseurs de l'ouvrage à cornes, se voyant presque cernés, s'enfuirent en hâte, par la poterne qui donnait sur le port et ouvrait l'accès de l'intérieur de la muraille de l'ouest ; ceux des brèches et du corps de place quittèrent le rempart, et le combat se prolongea avec une sorte de rage dans les rues barricadées de la ville, au milieu d'une confusion inexprimable, car tout était rompu dans les liens tactiques, tous les corps étaient mêlés ; les officiers ne pouvaient plus donner ni ordre ni direction.

Pour comble, un orage des plus violents, descendant

des Pyrénées, vint fondre sur Saint-Sébastien, et, dans l'obscurité qui se produisit, au milieu du fracas du tonnerre et par une pluie torrentielle qui dura plus d'une demi-heure, le désordre chez les assaillants relâcha tous les liens de la discipline.

Des blessés furent achevés à coups de fusil et de baïonnettes, des officiers et sous-officiers qui essayaient de s'interposer furent menacés et bousculés ; nombre d'habitants, de femmes, d'enfants furent massacrés par toute cette cohue de soldats de toutes les nations, car il y avait, dans les volontaires, des Allemands et des Italiens au service de l'Angleterre. Après une lutte sans répit de cinq heures au moins, tous ces gens, rendus furieux, ayant semé leur route de camarades tués ou blessés, n'écoutant plus les chefs, qu'ils ne connaissaient pas du reste, puisqu'ils appartenaient à toutes les fractions de l'armée coalisée, commirent des actes de pillage, de violence et d'atrocité abominables.

La nuit, suivant l'orage, vint couvrir toutes ces scènes de cruauté. Les Français avaient pris pied sur le mont Orgullo, où leurs officiers s'occupaient de remettre chacun à sa place. Les Anglais et Portugais s'étaient peu à peu éloignés, et leurs chefs faisaient tous leurs efforts pour en opérer le rassemblement en dehors des murs de cette cité, qui n'était plus qu'un monceau de ruines fumantes où morts, blessés et habitants étaient abandonnés au milieu des rues incendiées.

La ville était prise définitivement ; mais, lorsqu'on fit les appels, le lendemain matin, les effectifs des assaillants étaient diminués de 2.500 hommes ; les deux ingénieurs principaux et trois généraux étaient aux ambulances avec de graves blessures ; les régiments anglais de Robinson et le détachement des volontaires avaient perdu la moitié de leur monde.

Du côté des Français, sur le mont Orgullo, le même

appel indiquait une diminution de 1.000 hommes dans les effectifs, et le nombre de rationnaires du matin indique un total de 1.300 hommes.

* *
*

Retiré au château de La Motta, d'où l'on dominait le pays assez loin, Rey songeait aux moyens de mettre à profit ce réduit difficile à enlever de l'Orgullo, pour tenir encore en respect les Anglais et les Portugais de sir Graham. Il avait été blessé la veille, mais sa présence d'esprit et son énergie n'avaient pas faibli.

Défendre ce réduit n'était pas une difficulté ; la communication avec la place était barrée par un grand mur ; au-dessus de ce mur, quatre batteries, encore suffisamment solides, formaient une ligne qui se prolongeait vers la mer, à droite et à gauche, par de petits postes fortifiés armés de canons et ayant vue sur la rade, l'Uruméa et la haute mer.

Seulement, le feu destructif des bombes envoyées du mont Julia avait mis tous ces points d'appui en très mauvais état, et, comme il avait fallu abandonner le matériel du rempart de la place, il n'y avait plus que dix pièces de canon qui pussent servir : sept sur la ligne de batteries et trois sur la mer. C'était peu de chose. Peu de chose aussi était la garnison, 1.200 ou 1.300 hommes valides au plus. Mais tous ces braves gens, animés du meilleur esprit, ne songeaient guère à se rendre. La grande difficulté était le ravitaillement. Non seulement on ne le recevait qu'en très petite quantité, mais ce qu'on recevait, on ne savait où le mettre à l'abri. Le château de La Motta était tout petit ; les moindres casemates — et il y en avait peu — étaient encombrées de blessés (il y en avait 500 environ), et, de plus, on avait parqué les prisonniers anglais faits dans les deux assauts. Il y en avait 400, dont on ne savait que faire et qu'on ne pouvait cependant pas renvoyer. Ajoutons qu'on n'avait que quelques citernes en mauvais état, et conséquemment manque d'eau presque complet.

Wellington était venu le 1er septembre. Il n'était pas pleinement satisfait, d'autant qu'il entendait dire que, si, la veille, un chef hardi s'était mis à la poursuite des défenseurs de l'ouvrage à cornes et avait enlevé le couvent de Sainte-Thérèse, qui formait le bastion du côté du port, dans le mur d'enveloppe de l'Orgullo, le réduit aurait été enlevé sans coup férir.

Il donna l'ordre d'occuper les remparts de la place, de barricader les rues aboutissant au mur de l'Orgullo, et de construire sur le haut corps des fortifications des batteries pour contrebattre celles de l'Orgullo, en même temps que les mortiers du mont Julia l'écrasaient de leurs bombes.

Cette fois, il était bien entendu que l'on n'essaierait l'assaut du réduit que lorsque le canon aurait tout renversé, car c'était, en somme, un hasard qui avait fait réussir un assaut médiocrement préparé, alors qu'il eût été si simple, avec la masse d'artillerie dont on disposait, de patienter et de ne se lancer sur les brèches que quelques jours plus tard, alors que les batteries du château eussent été démolies et inoccupées.

Si l'énorme mine construite par les Français au pied de la tour de Los Homos avait pu être allumée, la grande brèche devenait un obstacle insurmontable. On a raconté qu'un projectile anglais avait coupé la communication faite entre le rempart détruit et la mine.

Dans le même ordre d'idées, on n'a jamais bien su comment le feu prit aux projectiles et aux amas de poudre préparés sur le corps de place, et l'on en a pu être étonné au milieu d'une pareille bagarre. L'assaut aurait, sans cela, probablement échoué, et plusieurs écrits du temps, devenus peut-être des légendes, mais certainement vraisemblables, disent que quatre fois, dans l'après-midi, le général Graham, en voyant le carnage qui s'opérait sous ses yeux, donna des instructions pour faire rentrer les troupes dans leurs tranchées.

***

Les premiers jours de septembre furent l'agonie de la garnison. Le 3, on envoya à Rey un parlementaire pour traiter d'une capitulation. Il consentait à cesser le feu, mais voulait conserver le mont Orgullo, laissant la ville à l'ennemi.

Sa résolution paraissant inébranlable, il n'y avait plus qu'à écraser le réduit. On s'occupa donc seulement de l'envelopper d'un cercle de feu : on renforça l'artillerie de l'île de Santa-Clara ; on monta dix-sept pièces sur l'ouvrage à cornes, et, le 8 septembre, cinquante-neuf pièces de tout genre couvrirent l'Orgullo de bombes, d'obus et de boulets. La batterie du Mirador, la batterie de la Reine devinrent un monceau de débris, le magasin à poudre sauta, le château fut écrasé, la grande ambulance sur le côté nord reçut plusieurs bombes. L'espace où étaient parqués les prisonniers devint inhabitable.

Le 9, le général Rey signa enfin la capitulation, qui le laissait sortir de ces ruines avec les honneurs de la guerre. Il laissait plus de 500 blessés dans l'ambulance, et étaient suivi de 833 hommes (suivant les situations d'alors), débris des bataillons du siège.

Notre grand peintre militaire Detaille a, dans un tableau célèbre, représenté Barbanègre suivi de 135 soldats avec lesquels il avait soutenu pendant douze jours, à Huningue, en 1815, les efforts de tout un corps autrichien, défilant devant l'état-major ennemi, dont tous les officiers ont, dans un sentiment d'admiration, le chapeau à la main. Rey, défilant devant les coalisés, à Saint-Sébastien, avec ses 800 déguenillés, après avoir tenu l'ennemi pendant soixante jours devant une place de troisième classe, dans le plus lamentable état d'entretien, méritait le même honneur.

*
* *

Tel est le siège de Saint-Sébastien. Nous avons voulu, nous l'avons dit déjà, le dégager de toute narration et de toute légende en le faisant raconter par le journal de siège de l'assiégeant. Ce nous a semblé le meilleur moyen de pouvoir mettre les énergies de la résistance en opposition avec les énergies de l'attaque.

Un livre paru il y a quelques années déjà, « La guerre de demain », cherchait, sous une forme semi-romantique, semi-militaire, à nous initier à ce que pourrait être de nos jours le siège d'une place avec les terribles moyens de destruction que possèdent les armées. Le tableau si mouvementé qu'il donne peut à peine se comparer à celui qu'on dut avoir à Saint-Sébastien, en juillet et août 1813.

Très peu, très peu d'actions de guerre lui sont comparables.

Et, quand les drapeaux de ceux de nos régiments qui portent écrit : « Saint-Sébastien, 1813 », se déploient, il faut que ceux qui les saluent se remémorent le grand exemple donné par leurs grands-pères, des soldats qui, pour nous servir de l'expression consacrée, « n'avaient pas froid aux yeux ».

Si effrayant qu'eût été le carnage sur les brèches de Saint-Sébastien, plus effrayantes encore furent l'atrocité et la cruauté que montrèrent les vainqueurs une fois dans la ville.

Sur cette sorte de monceau de ruines, la rapine, l'ivresse, la luxure et le meurtre s'en donnèrent à cœur joie. Il y eut, au milieu de la population terrifiée dans ses maisons, des actes abominables commis par des soldats de l'armée coalisée ; officiers et sous-officiers n'étaient plus écoutés ; des crimes affreux furent commis. La journée du 31 août peut être rangée côte à côte avec ces sacs de villes prises d'assaut par les barbares de l'antiquité, alors que l'on pillait les maisons et les églises, que l'on tuait sans miséricorde hommes, vieillards et enfants, que l'on violait les femmes et qu'une population entière disparaissait.

Wellington s'en est fort défendu : c'était dans son rôle ; mais on ne saurait mettre en doute tout ce qui a été dit et écrit après le siège.

Conseillers municipaux, ecclésiastiques catholiques, consuls de toutes les nations, tous ont été unanimes à affirmer solennellement la vérité de toutes les hontes dont se sont souillés les Anglais et les Portugais.

Au surplus — et c'est surtout à ce point de vue que nous avons cité ces faits — nous trouvons là un exemple particulier du soin avec lequel il faut, dans une armée, éviter des actes qui puissent émouvoir les caractères ou des paroles qui puissent toucher une autre fibre que celle de l'honneur du pays.

Wellington avait toujours eu sur le cœur l'assaut infructueux du 25 juillet. « Manque de confiance, manque de vigueur », c'est ainsi qu'il avait caractérisé cet échec.

Cette fois, toujours sous l'obsession de ce sentiment, il avait mis à exécution une idée qui, depuis un mois, s'était ancrée dans son esprit : « Je vais vous montrer des hommes, avait-il dit, tout haut, aux généraux, aux officiers et aux soldats de sir Thomas Graham, qui apprendront aux autres comment on monte à l'assaut. »

Il avait donc décidé que les régiments de la 1re division anglaise, qui était à ce moment au pied du Jaizquibel en réserve, ceux de la 4e, qui était à Lesaca, et ceux de la division légère, qui était près de Véra, fourniraient chacun 50 volontaires, et que cette masse de 750 ou 800 hommes prendrait la tête de l'assaut.

Rien ne pouvait être plus blessant pour les officiers et soldats du corps de siège.

Du moment qu'on mettait en mouvement, dans des circonstances pareilles, dans une situation aussi tendue, en présence d'une résistance poussée au paroxysme, un groupement aussi peu compact, en basant sa mise en mouvement « irrésistible » sur ce qu'exprimait Wellington, on devait aboutir au désordre, à la division, à l'indiscipline.

Volontaires, dira-t-on ; mais, dans une armée comme celle-là, qui se battait depuis des années dans la péninsule, volontaires voulait dire : gens qui donneront, avec l'exemple du courage supérieur, l'exemple de la violence.

L'exemple se gagne quand on est au milieu de hardis ; il se gagne aussi quand on est en présence de pillards et de bandits : les autres, irrités de les voir, firent comme les volontaires.

On voulait, avec eux, enlever une ville : ils l'enlevaient, mais en la détruisant. Nous aussi, pendant les terribles guerres d'Espagne, nous avions commis des excès sans nombre, mais, au moins, pour nous, l'Espagnol c'était l'ennemi, et un ennemi sans pitié qui ne nous ménageait pas quand il trouvait l'occasion propice. Là aussi est un exemple, d'un autre genre heureusement : l'exemple de ce que peut un peuple qui ne veut pas d'un oppresseur.

Paris et Limoges. — Imprimerie militaire Henri Charles-Lavauzelle.